Latein
Lernvokabular

Ciceros Reden

von Gottfried Bloch

Ernst Klett Verlag
Stuttgart · Leipzig

Lernvokabular
Ciceros Reden

1. Auflage 1 8 7 6 5 | 23 22 21 20

Alle Drucke dieser Auflage sind unverändert und können im Unterricht nebeneinander verwendet werden. Die letzte Zahl bezeichnet das Jahr dieses Druckes.

Redaktion: Anna Hülsing (geb. Kipping)
Herstellung: Thomas Gremmelspacher

Satz: Fotosatz Kaufmann, Stuttgart
Umschlaggestaltung: Jens-Peter Becker, Schwäbisch Gmünd
Druck: AZ Druck und Datentechnik GmbH, Kempten/Allgäu

Printed in Germany
ISBN 978-3-12-629724-0

9 783126 297240

Vorwort

Was ist das Lernvokabular und wie lernt man damit?

Cicero war einer der bedeutendsten Redner aller Zeiten und Völker, nicht nur der Antike oder der Römer: Es gibt kaum ein Thema in Politik und Leben, auf das er nicht in seinen Reden zu sprechen kam. Heute hat die Sammlung seiner Reden einen Umfang von mehr als 2000 Druckseiten!

Er ist damit auch ein wortreicher Schriftsteller: 6400 verschiedene einzelne Wörter müsstest du kennen, um jeden Satz auf Anhieb zu verstehen; und das kann man ja wohl nicht verlangen!

Aber je besser du schon auf die Wörter vorbereitet bist, die Cicero häufig gebraucht, desto besser findest du dich in den Texten zurecht.

Dabei fängst du natürlich am besten bei den Wörtern an, die am häufigsten vorkommen, und die liefert dir dieses Lernvokabular.

Wir haben alle Reden analysiert und einen Kernbereich herausgesucht: die (etwa) 800 häufigsten Wörter. Wenn du diese kennst, fehlen dir in jeder Zeile eines Textes höchstens 1–2 Wörter. Große Teile dieses Kernwortschatzes sind dir bereits bekannt. Vor allem die allerhäufigsten Wörter, der **Basiswortschatz**. Diese Basis beherrschst du bereits sicher aus deinem bisherigen Lateinunterricht. Lies dir die Liste einmal durch – du wirst es merken!

Das nächste Kapitel, der **Lernwortschatz**, enthält die am zweithäufigsten vorkommenden 440 Wörter. Da sie dir eventuell noch nicht in Texten begegnet sind, haben wir zu einigen Wörtern echte Cicero-Sätze – mit Übersetzung! – hinzugesetzt. So erfährst du gleich etwas über ihren Gebrauch.

Auch die nächste Häufigkeitsgruppe, der **Ergänzungswortschatz**, ist sicher nicht vollständig neu für dich. Auch ihn lohnt es sich zu lernen!

Bei den **Grundinformationen** zu den einzelnen Wörtern (Deklination, Konjugation) haben wir uns sehr kurz gefasst: Zur größeren Sicherheit solltest du deshalb immer mal wieder Deklinations- und Konjugationsreihen zu den einzelnen Wörtern üben.

Den lateinischen Wörtern sind **Bedeutungen** gegenübergestellt, als Grundlage fürs Übersetzen. Auch bei ihnen haben wir uns an der Häufigkeit der bei Cicero vorkommenden Bedeutungen orientiert.

Die schon erwähnten **Sätze** sind in vieler Hinsicht nützlich: Sie können eine schwierige Stammform üben helfen (z. B. bei *adimere*), eine typische Verwendung zeigen (z. B. bei *causa*), an eine typische Konstruktion erinnern (z. B. bei *adducere*), aber auch zeigen, dass es im Deutschen manchmal anschaulichere Formulierungen gibt als eine „wörtliche“ Wiedergabe (z. B. bei *adesse*). Alle Sätze sind in dieser Form 100 % Cicero!

Das **Repertorium** (die Such- und Findeliste) ganz am Ende des Lernvokabulars zeigt dir, in welchem Abschnitt ein Wort auftaucht: Fett-, Normal- und Kursivdruck verweisen auf Basiswortschatz, Lernwortschatz und Ergänzungswortschatz.

Und nun viel Erfolg!

Die Beispiele stammen meist aus den *Reden gegen Verres* (I ... V). Andere Quellen: a. p. = *actio prima in Verrem*; Caecin. = *oratio pro Caecina*; Cat. = *oratio in Catilinam*; d. C. = *divinatio in Caecilium*; imp. Pomp. = *oratio de imperio Cn. Pompei*; Phil. = *oratio Philippica in M. Antonium*; Sex. Ro. = *oratio pro Sexto Roscio Amerino*.

Online-Link
629724-0001

Zugang zur virtuellen Vokabelkartei

Im Internet findest du die Software für die virtuelle Vokabelkartei zu Ciceros Reden. Einfach auf www.klett.de gehen und den Online-Link 629724-0001 in das Suchfeld eingeben.

Basiswortschatz

A

ā / ab	von, von … her
accipere, -iō, -cēpī, -ceptum	empfangen
ad	zu
adulēscēns, -entis *m.*	1. jung 2. junger Mann
ager, -grī *m.*	1. Feld 2. Land, Gebiet
agere, ēgī, āctum	1. tun 2. sich beschäftigen 3. verhandeln
aliquis, aliquid *(subst.)* aliquī, -quae, -quod *(adj.)*	irgendjemand, -einer, -etwas irgendein
alius, alia, aliud aliī …, aliī …	ein anderer die einen …, die anderen …
alter, altera, alterum alter …, alter …	1. der andere 2. der zweite der eine …, der andere …
amīcus, -ī *m.*	Freund
an utrum … an …	ob ob … oder ob …
animus, -ī *m.*	Inneres: Geist, Herz, Mut
ante	1. vor 2. vorher
apud	bei
arbitrārī, -tus sum	meinen
arma, -ōrum *n. Pl.*	Waffen
at	aber
atque / ac	und
auctōritās, -ātis *f.*	Ansehen
audēre, ausus sum	wagen

audīre, -vī, -tum	hören
aut	oder
autem	aber

B

bellum, -ī *n.*	Krieg
beneficium, -iī *n.*	1. Wohltat 2. das Verdienst
bonus, -a, -um *Komp.* melior; *Superl.* optimus bene *(adv.)*	gut gut

C

causa, -ae *f.*	1. Sache 2. Ursache, Grund
certus, -a, -um	1. bestimmt 2. sicher 3. zuverlässig
cēterī, -ae, -a	die anderen
cīvis, -is *m.*	Bürger
cīvitās, -ātis *f.*	Staat, Volk
cognōscere, cognōvī, cognitum	1. erkennen 2. erfahren
cōnsilium, -iī *n.*	1. Rat 2. Plan 3. Beschluss
cōnstituere, -tuī, -tūtum	1. aufstellen 2. festlegen
cōnsul, -is *m.*	Konsul
contrā	1. gegen 2. dagegen
crīmen, -minis *n.*	1. Vorwurf 2. Anklage 3. Verbrechen
cum *(Konjunktion)*	I. *(mit Ind.)* 1. als 2. wenn II. *(mit Konj.)* 1. als 2. weil 3. obwohl 4. wogegen, während
cum *(Präposition)*	mit

D

dare, dō, dedī, datum	geben
dē	1. von (… herab) 2. über 3. in Beziehung auf
dēbēre, dēbuī, dēbitum	müssen
nōn dēbēre	1. nicht (zu tun) brauchen 2. nicht dürfen
dēfendere, -fendī, -fēnsum	verteidigen
deinde	dann
dēnique	endlich
deus, -ī *m.*	Gott
dīcere, dīxī, dictum	sagen
diēs, -ēī *m.* oder *f.*	Tag
dīgnitās, -ātis *f.*	1. Würde 2. gesellschaftliche Stellung
domus, -ūs *f.*	Haus

E

ē / ex	1. aus 2. aufgrund (von) 3. seit
egō	ich
enim	nämlich
esse, sum, fuī	sein
et	und
et … et …	sowohl … als auch …
etiam	1. auch 2. *(mit Komp.)* noch 3. sogar

F

facere, -iō, fēcī, factum	1. tun, handeln 2. machen
ferre, ferō, tulī, lātum	1. tragen, bringen 2. ertragen
fierī, fiō	geschehen
fīlius, -iī *m.*	Sohn

fortis, -e	1. energisch 2. tapfer
fortūna, -ae *f.*	1. Schicksal 2. Glück 3. *Plur.* Besitz

G

genus, generis *n.*	Art
gravis, -e	1. schwer 2. bedeutend 3. ernst

H

habēre, -uī, -itum	1. haben 2. (für etw.) halten
hic, haec, hoc	dieser
homō, -minis *m.*	Mensch
honor *oder* **honōs**, -ōris *m.*	1. Ehre 2. Amt
hostis, -is *m.*	Feind

I

iam	1. schon 2. gleich 3. *(negativ)* mehr *(z. B.* non iam*)*
īdem, eadem, idem	derselbe
igitur	also
ille, illa, illud	jener
imperātor, -ōris *m.*	Befehlshaber
imperium, -iī *n.*	Herrschaft: 1. Herrschaftsgewalt 2. Herrschaftsbereich
in	I. *(mit Akk.)* 1. in (hinein) 2. nach *(Ort)* 3. gegen II. *(mit Abl.)* 1. in 2. auf 3. bei
ipse, ipsa, ipsum	selbst
is, ea, id	1. dieser 2. der *(z. B.* is, quī*)* 3. er
iste, ista, istud	dieser da
ita	so

itaque	daher
iūdex, -icis *m.*	Richter
iūdicāre, -vī, -tum	1. entscheiden 2. meinen
iūdicium, -iī *n*	1. Gericht 2. Entscheidung
iūs, iūris *n.*	Recht

L

lēx, lēgis *f.*	Gesetz
litterae, -ārum *f. Pl.*	1. Brief 2. Dokument
locus, -ī *m.*	Platz, Stelle, Ort

M

magis *Superl.* maximē	mehr 1. am meisten 2. besonders, sehr
magnus, -a, -um *Komp.* māior; *Superl.* maximus	groß
meus, -a, -um	mein
minus *Superl.* minimē	weniger 1. am wenigsten 2. ganz und gar nicht
mittere, mīsī, missum	schicken
modo nōn modo …, sed etiam …	1. gerade eben 2. nur nicht nur …, sondern auch …
modus, -ī *m.*	1. Maß 2. Art
multi, -ae, -a *Komp.* plūrēs; *Superl.* plūrimī	viele

N

nam	denn
nē	dass nicht, damit nicht

nē … quidem	nicht einmal …
nēmō	niemand
neque / nec … neque … neque … neque enim neque vērō	und nicht … weder … noch … denn nicht aber nicht
nihil	1. nichts 2. in keiner Weise
nisī	1. wenn nicht 2. außer
nōmen, -minis *n.*	Name: 1. Bezeichnung 2. Ruf
nōn	nicht
nōs	wir
noster, nostra, nostrum	unser
nūllus, -a, -um	kein
nunc	jetzt

O

omnis, -e	1. ganz 2. jeder 3. *Plur.* alle
oportet, -uit	es ist nötig, man muss
ōrātiō, -ōnis *f.*	Rede
ōrdō, -dinis *m.*	1. soziale Klasse, Stand 2. Reihenfolge

P

pars, partis *f.* partim …, partim …	1. Teil 2. Gruppierung 3. Seite teils …, teils …
pater, -tris *m.*	Vater
pecūnia, -ae *f.*	Geld
per	durch
periculum, -ī *n.*	Gefahr
populus, -ī *m.*	Volk
posse, possum, potuī	1. können 2. Bedeutung haben *(z. B.* plūs*)*

potestās, -ātis *f.*	1. Macht 2. Möglichkeit
praetor, -ōris *m.*	Prätor
prō	1. für 2. anstatt 3. entsprechend
prōvincia, -ae *f.*	Provinz
pūblicus, -a, -um pūblicē *(adv.)*	1. staatlich 2. öffentlich im Namen des Staates, von Staats wegen
putāre, -vī, -tum	1. meinen 2. (für etw.) halten

Q

quaerere, quaesīvī, quaesītum	1. fragen 2. verlangen
quam	1. wie 2. als 3. *(mit. Superl.)* möglichst
quantus, -a, -um quantum *(adv.)*	1. wie groß 2. (nach tantus) wie 1. wie viel 2. (nach tantum) wie
-que	und
quī, quae, quod	*(Relativpron.)* welcher, der
quīdam, quaedam, quoddam	I. *Sing.* 1. ein gewisser, ein 2. eine Art von II. *Plur.* manche
quidem	1. jedenfalls 2. jedoch
quis, quid *(subst.)* quī, quae, quod *(adj.)*	1. *(Fragepron.)* wer (was) 2. *(unbest. Pron.)* jemand (etwas) 1. *(Fragepron.)* welcher 2. *(unbest. Pron.)* irgendein
quisquam, quicquam	überhaupt jemand
quod	1. weil 2. dass 3. was das betrifft, dass

R

ratiō, -ōnis *f.*	1. Überlegung 2. Methode
religiō, -ōnis *f.*	1. Kult 2. religiöse Bedeutung
relinquere, -līquī, -lictum	1. verlassen 2. zurücklassen
rēs, reī *f.*	Sache
rēs pūblica	Staat
rēx, rēgis *m.*	König

S

salūs, -ūtis *f.*	1. Wohlergehen 2. Rettung
scelus, -eris *n.*	Verbrechen
sed	aber; (*z.B. nicht …,*) sondern
semper	immer
sententia, -ae *f.*	Meinung
servus, -ī *m.*	Sklave
sī	1. wenn 2. ob
sīc	so
sine	ohne
socius, -iī *m.*	1. Partner 2. (polit.) Bündnispartner
solēre, solitus sum	gewohnt sein, gewöhnlich (tun)
studium, -iī *n.*	1. Eifer 2. Interesse 3. Tätigkeit
suī, sibi, sē	seiner, sich
summus, -a, -um	der höchste
suus, -a, -um	sein, ihr

T

tam	so
tamen	dennoch
tantus, -a, -um	so groß
tantum *(adv.)*	1. so viel, so sehr 2. nur
tempus, temporis *n.*	Zeit

tōtus, -a, -um	ganz
tū	du
tum	damals, dann, da
tuus, -a, -um	dein

U

ūllus, -a, -um	irgendein
umquam	jemals
ūnus, -a, -um	ein einziger
urbs, urbis *f.*	1. Stadt 2. Rom
ut / utī	1. wie 2. dass, damit
utrum … an …	ob … oder (ob) …

V

venīre, vēnī, ventum	kommen
verbum, -ī *n.*	Wort
vērō	aber
vester, vestra, vestrum	euer
vidēre, vīdī, vīsum vidērī, vīsus sum	sehen scheinen
vir, -ī *m.*	Mann
virtūs, -ūtis *f.*	Qualität: 1. Leistungsfähigkeit 2. Energie 3. Mut
vīs, vim, vī *f.*	1. Gewalt 2. Kraft 3. Menge
vīta, -ae *f.*	Leben
voluntās, -ātis *f.*	Wille
vōs	ihr

Lernwortschatz

Die 440 wichtigsten Lernwörter

A

absēns; *Gen.* -sentis Verres eum absente accusatore condemnat.	**abwesend** Verres verurteilt ihn in Abwesenheit des Anklägers. (II 99)
absolvere, -solvī, -solūtum	**freisprechen**
accēdere, -cessī, -cessum	**herankommen**
accūsāre, -vī, -tum	**anklagen**
accūsātiō, -ōnis *f.*	**Anklage**
accūsātor, -ōris *m.*	**Ankläger**
ācer, ācris, ācre	**scharf, heftig**
acerbus, -a, -um	**bitter**
āctiō, ōnis *f.*	**Gerichtsverhandlung**
addūcere, -dūxī, -ductum Quibus rebus adductus ad causam accesserim, demonstravi.	**bringen** Auf Grund welcher Tatsachen ich mich mit dem Fall befasst habe, habe ich dargelegt. (d. C. 10)
adesse, -sum, -fuī Hoc iis, qui aderant, indignissimum videbatur.	**da sein** Dies erschien den Anwesenden als im höchsten Grade empörend. (III 204)
adhibēre, -uī, -itum Etiam mulieres in convivium adhibebantur. Verres vim adhibet.	**1. hinzuziehen 2. anwenden** Auch Frauen wurden zu dem Fest geholt. (V 28) Verres wendet Gewalt an. (III 34)

adhūc	**bis jetzt**
Nunc diligenter, sicut adhuc fecistis, attendite!	Jetzt passt – wie bisher schon – sorgfältig auf! (IV 102)
adimere, -ēmī, -ēmptum	**wegnehmen**
Omnia vobis adempta atque erepta sunt.	Alles wurde euch weggenommen und entrissen. (V 175)
adventus, -ūs *m.*	**Ankunft**
illo tempore ac primo istius adventu …	in dem Augenblick und zwar unmittelbar bei seiner Ankunft … (IV 76)
adversārius, -iī *m.*	**Gegner**
aedēs, -is *f.*	1. *Sing.* **Tempel** 2. *Plur.* **Haus**
Athenis audivistis ex aede Minervae aurum ablatum.	Ihr habt gehört, dass in Athen aus dem Athenatempel Gold abtransportiert wurde. (I 45)
Verres signa sustulit et in suis aedibus posuit.	Verres nahm die Statuen weg und stellte sie in seinem Privathaus auf. (I 53)
aequitās, -ātis *f.*	**Gerechtigkeit**
aequus, -a, -um	**gerecht**
aequō animō	gleichgültig, gelassen
aetās, -ātis *f.*	**Lebensabschnitt, Alter**
ineunte aetate …	im Jugendalter … (III 3)
afferre, afferō, attulī, allātum	**bringen**
afficere, -iō, -fēcī, -fectum	**versehen (mit etw.)**
Verres hominem iniuria affecit.	Verres fügte dem Mann Unrecht zu. (II 110)
Verres cives Romanos morte affecit.	Verres tötete römische Bürger. (I 9)
Hominem supplicio affici oportebat.	Der Mann hätte bestraft werden sollen. (V 69) ↗

Populus Romanus multis incommodis difficultatibusque affectus est.	Rom geriet in viele Unannehmlichkeiten und Schwierigkeiten. (d. C. 8)
aiō, ais, ait, aiunt	sagen
aliēnus, -a, -um	jmd. anderem gehörend, fremd
aes aliēnum	Schulden
aliquandō	irgendwann einmal
āmentia, -ae *f.*	Wahnsinn
amīcitia, -ae *f.*	Freundschaft
āmittere, āmīsī, āmissum	verlieren
amor, -ōris *m.*	Liebe
amplus, -a, -um	wichtig
amplius *(adv.)*	mehr
annus, -ī *m.*	Jahr
anteā	vorher
antequam (*auch:* ante … quam)	bevor
antīquus, -a, -um	alt
apertus, -a, -um	offen
appellāre, -vī, -tum	1. ansprechen 2. nennen
argentum, -ī *n.*	Silber: Silbergerät, Silbergeschirr
armātus, -a, -um	bewaffnet
ars, artis *f.*	Kunst
aspicere, -iō, -spēxī, -spectum	anblicken
auctor, -ōris *m.*	Verantwortlicher: 1. Urheber 2. Gewährsmann, Garant
Antiquissimi socii me duce atque auctore in agros suos revertantur.	Die ältesten Verbündeten (Roms) sollen unter meiner Führung und auf meine Veranlassung auf ihre Felder zurückkehren. (III 228) →

Ille auctor illius iniuriae fuit.	Er war für dieses Unrecht verantwortlich. (I 85)
Harum rerum omnium auctores testesque produco.	Für alle diese Fakten bringe ich Gewährsleute und Zeugen. (V 131)
audācia, -ae *f.*	**Frechheit**
Singulari crudelitate et audacia es.	Du bist außerordentlich brutal und frech. (III 52)
In tanta audacia, in tanta impudentia versatus est.	So frech, so unverschämt verhielt er sich. (III 64)
audāx, -ācis	**frech**
auferre, auferō, abstulī, ablātum	**wegnehmen**
augēre, auxī, auctum	**vergrößern**
auspicium, -iī *n.*	(gutes / schlechtes) **Vorzeichen**
auxilium, -iī *n.*	**Hilfe**
avāritia, -ae *f.*	**Habgier**

B

brevis, -e	**kurz**
Brevi tempore ad fanum ex tota urbe concurritur.	In kurzer Zeit läuft man aus der ganzen Stadt beim Tempel zusammen. (IV 95)
Breviter mihi dicendum est.	Ich muss mich kurz fassen. (IV 97)

C

caedēs, -is *f.*	**Morden**
calamitās, -ātis *f.*	**Unglück**
capere, -iō, cēpī, captum	1. **fassen** 2. **ergreifen** 3. **annehmen** 4. **einnehmen**
Capiunt consilium, ut suscipiant ipsi negotium.	Sie entschließen sich, die Aufgabe selbst in die Hand zu nehmen. (I 140) ↗

Servi arma capere et bellum facere volebant.	Die Sklaven wollten zu den Waffen greifen und einen Aufstand beginnen. (V 12)
Ducem praedonum cepit.	Er nahm den Führer der Seeräuber gefangen. (V 65)
Verres contra leges pecuniam cepit.	Verres nahm gesetzwidrig Geld an (= ließ sich bestechen). (I 10)
Praeclaram urbem vi copiisque cepit.	Die herrliche Stadt nahm er mit militärischer Gewalt. (IV 120)
caput, capitis *n.*	**1. Kopf 2. Existenz** *(z. B.* **capitis periculum***)*
cāsus, -ūs *m.*	**Ereignis, Situation**
Haec, quoniam eius modi casus fuit, ferenda sunt.	Damit muss man, da es sich nun einmal um eine solche Situation handelte, fertig werden. (III 60)
cāsū *(adv.)*	zufälligerweise
Casu legati Romae fuerunt.	Zufälligerweise waren Gesandte in Rom. (I 59)
causā	**wegen**
Verris comes iudicii corrumpendi causa pecuniam accepit.	Der Partner des Verres ließ sich Geld geben, um das Gericht zu bestechen. (II 57)
cavēre, cāvī, cautum	**sich in Acht nehmen**
Cur id non caves?	Warum nimmst du darauf keine Rücksicht? (I 110)
cēnsēre, -uī, cēnsum	**meinen**
Hos homines senatus in hostium numero habendos censuit.	Der Senat sprach sich dafür aus, diese Menschen als Feinde zu betrachten. (I 87)
cēnsor, -ōris *m.*	**Zensor**

clārus, -a, -um XY, vir clarissimus, …	**1. strahlend 2. berühmt** XY, eine führende Persönlichkeit des öffentlichen Lebens, … *(formelhafter Superlativ)* (II 102)
classis, -is *f.*	**Flotte**
coepī Verres, quid ageret, coepit cogitare.	**ich habe begonnen** Verres begann, sich Gedanken zu machen, was er tun solle. (I 141)
cōgere, coēgī, coāctum	**1. zwingen 2. sammeln**
cōgitāre, -vī, -tum Nihil cogitant nisi caedem.	**sich Gedanken machen** Sie denken an nichts als an Mord. (Cat. II 10)
collēga, -ae *m.*	**Amtskollege**
collocāre, -vī, -tum	**aufstellen**
colōnia, -ae *f.*	**Siedlung, „Kolonie"**
comitia, -ōrum *n. Pl.*	**Volksversammlung**
commemorāre, -vī, -tum	**erwähnen**
committere, -mīsī, -missum Quae tum in urbe capta commissa non sunt? Ille tibi pecuniam exercitumque commisit.	**1. zulassen, aktiv geschehen lassen 2. (jdm. etw.) überlassen** Was ließ man damals in der eroberten Stadt nicht alles geschehen? (IV 116) Er gab dir Geld und Heer. (I 37)
commodus, a, -um **commodum**, -ī *n.* Inimicos habeo, quod sociorum commoda ac iura defendi.	**passend** **Nutzen, Interesse** Ich habe Feinde, weil ich die Interessen und Rechte der Verbündeten verteidigte. (II 166)

commovēre, -mōvī, -mōtum	innerlich bewegen: **aufregen, beunruhigen, mitnehmen, erschüttern**
Vehementer me haec res commovebat.	Dies nahm mich besonders mit. (a. p. 20)
Si quis id dixisset, commoveri te oportuit.	Wenn das jemand gesagt hätte, hättest du unruhig werden müssen. (III 133)
commūnis, -e	**gemeinsam**
comparāre, -vī, -tum	**bereitstellen, vorbereiten**
cōnārī, -tus sum	**versuchen**
Quotiens tu me interficere conatus es!	Wie oft hast du versucht, mich umzubringen! (Cat. I 15)
concēdere, -cessī, -cessum	1. **zugeben, erlauben** 2. **geben**
Concedes multo hoc esse gravius.	Du wirst zugeben, dass dies viel schwerwiegender ist. (d. C. 54)
Concedite pudori meo, ut id reticere possim.	Erlaubt meinem Schamgefühl, das verschweigen zu dürfen. (I 32)
Ei civitati maiores nostri maximos agros concesserunt.	Dieser Stadt gaben unsere Vorfahren riesige Ländereien. (V 125)
condemnāre, -vī, -tum	**verurteilen**
condiciō, -ōnis *f.*	1. **Bedingung** 2. **Lebensbedingung, Schicksal**
cōnferre, -ferō, -tulī, collātum	1. **zusammentragen** 2. **auf eine Stufe stellen**
Non conferam vitam tuam cum illius (vita).	Ich will nicht dein Leben mit seinem auf eine Stufe stellen. (IV 45)
sē cōnferre	sich (an einen Ort) begeben

cōnficere, -iō, -fēcī, -fectum	fertig machen: 1. **erledigen, beenden** 2. **schwächen**
Catilina ad certas res conficiendas certos homines habebat.	Catilina hatte für die Erledigung spezieller Aufgaben besondere Menschen. (Cat. III 16)
… confecto itinere …	… nach dem Ende der Reise … (V 27)
Reliqui fame atque inopia rerum omnium confecti erant ac perditi.	Die Übrigen waren durch Hunger und Mangel an allem erschöpft und am Ende. (V 134)
cōnfirmāre, -vī, -tum	1. **versichern** 2. **stärken** 3. **ermutigen**
Confirmo, iudices, neminem id esse dicturum.	Ich versichere, ihr Richter, dass niemand das sagen wird. (III 180)
cōnfitērī, -fessus sum	**gestehen**
coniungere, -iūnxi, -iūnctum	**verbinden**
coniūrātiō, -ōnis *f.*	**Verschwörung**
cōnscrībere, -scrīpsī, -scrīptum	**aufschreiben**
patrēs cōnscrīptī	Senatoren
cōnsequī, -secūtus sum	1. **folgen** 2. **erreichen**
cōnservāre, -vī, -tum	1. **retten** 2. **bewahren, erhalten**
cōnstantia, -ae *f.*	**Charakterfestigkeit**
cōnsuētūdō, -inis *f.*	**Gewohnheit**
cōnsulāris, -e	1. **konsularisch** 2. **ehemaliger Konsul**
cōnsulātus, -ūs *m.*	**Amt eines Konsuls**
cōnsulere, -uī, consultum	1. *(mit Dat.)* **sich** (um etw.) **kümmern** 2. *(mit Akk.)* **um Rat fragen** ↗

Meum fuit rei publicae consulere.	Meine Aufgabe war es, mich für das Gemeinwesen einzusetzen. (I 21)
Vos consulo, quid mihi faciendum putetis.	Ich frage euch, was ich eurer Meinung nach tun soll. (a. p. 32)
cōnsultum, -ī *n.*	**Beschluss**
contemnere, -tempsī, -temptum	**verachten, negativ beurteilen**
contendere, -tendī, -tentum	**1. kämpfen 2. darauf bestehen**
Contendam eum damnari oportere.	Ich werde darauf bestehen, dass er verurteilt werden muss. (V 19)
continēre, -uī, -tentum	**halten, festhalten**
contiō, -ōnis *f.*	**Volksversammlung**
convenīre, -vēnī, -ventum	**zusammenkommen**
cōpia, -ae *f.*	**1. Menge 2. *Plur.* Truppen**
corpus, corporis *n.*	**Körper**
cottīdiē	**täglich**
crēdere, -didī, -ditum	**glauben**
crūdēlis, -e	**grausam**
crūdēlitās, -ātis *f.*	**Grausamkeit**
cum … tum …	**sowohl … als auch besonders …**
Meum consilium cum iudicibus tum populo Romano probavi.	Ich habe meine Überlegung sowohl den Richtern als vor allem auch dem römischen Volk plausibel gemacht. (I 31)
cūnctus, -a, -um	**gesamt**
Rem cunctus senatus iudicabat.	Darüber urteilte der gesamte Stadtrat. (IV 100)
Decernitur prope cunctis sententiis, ut laudatio Verris tollatur.	Es wird nahezu einstimmig beschlossen, die Ehrung für Verres aufzuheben. (IV 145)
cupere, -iō, -īvī, -ītum	**wünschen**

cupiditās, -ātis *f.*	leidenschaftlicher Wunsch
cūr	warum
cūrāre, -vī, -tum Curatur, ut argentum ad istum deferatur. Omne argentum ad se afferendum curat.	dafür sorgen Es wird dafür gesorgt, dass das Silbergeschirr zu ihm hingebracht wird. (II 46) Er sorgt dafür, dass das ganze Silber zu ihm gebracht wird. (IV 50)
custōs, -ōdis *m.*	Wächter

D

damnāre, -vī, -tum	verurteilen
dēcernere, -crēvī, -crētum **dēcrētum**, -ī *n.*	entscheiden Entscheidung
dēesse, dēsum, dēfuī Commodis eorum non deero. In hac causa oratio deesse nemini potest.	nicht da sein Ich werde ihre Interessen unterstützen. (d. C. 2) In dieser Sache können niemandem die Worte fehlen. (imp. Pomp. 3)
dēfēnsiō, -ōnis *f.*	Verteidigung
dēferre, dēferō, dētulī, dēlātum Rem ad amicos suos detulit.	1. hinbringen 2. mitteilen Er teilte die Sachlage seinen Freunden mit. (II 95)
dēsiderāre, -vī, -tum	verlangen
dīgnus, -a, -um Populus Romanus C. Verrem summo supplicio dignum existimabit.	würdig Das römische Volk wird Verres als jemanden einschätzen, der die Höchststrafe verdient. (III 119)
dīligēns; *Gen.* -entis	sorgfältig
dīligentia, -ae *f.*	Sorgfalt

diū	lange
Komp. diūtius	länger
dolor, -ōris *m.*	Schmerz
domesticus, -a, -um	„im Haus": privat, persönlich
dominus, -ī *m.*	Herr
dubitāre, -vī, -tum	1. zweifeln 2. zögern
Quis potest dubitare, quid sit futurum?	Wer kann noch darüber im Zweifel sein, was nun passieren wird? (II 70)
Signum non dubitavit auferre.	Er zögerte nicht, die Statue wegzunehmen. (IV 88)
dūcere, dūxī, ductum	1. führen 2. meinen, (für etw.) halten
Verres nihil neque sacri neque religiosi duxit esse.	Verres meinte, es gebe nichts Unantastbares und nichts Heiliges. (IV 72)
Siculorum bona praedam tuam ducis.	Was die Sikuler besitzen, hältst du für deine persönliche Beute. (V 39)
dum	1. *(mit Ind.)* während, solange, bis 2. *(mit Konj.)* bis, damit inzwischen
Nolite exspectare, dum crimina agam.	Wartet nicht so lange, bis ich die Anklagepunkte durchspreche. (IV 48)
duo	zwei
dux, ducis *m.*	Führer, Anführer

E

ēdictum, -ī *n.*	Bekanntmachung
emere, ēmī, ēmptum	kaufen
eō	1. dorthin 2. *(mit Komp.)* desto, umso
Usque eo despicit ordinem senatorium, ut …	So sehr (bis dahin) verachtet er den Senatorenstand, dass … (a. p. 9)

eques, -itis *m.*	Ritter (*Angehöriger des Ritterstandes*)
ēripere, -iō, -uī, -reptum	entreißen
etenim	denn
exemplum, -ī *n.*	Beispiel
exercitus, -ūs *m.*	Heer
exīstimāre, -vī, -tum	glauben
exīstimātiō, -ōnis *f.*	1. Meinung 2. Ansehen
exspectāre, -vī, -tum Exspectemus, quid dicant testes? Quid exspectatis amplius?	1. abwarten 2. erwarten Sollen wir abwarten, was die Zeugen sagen? (I 154) Was erwartet ihr noch mehr? (II 191)

F

facile *(adv.)*	leicht
facinus, -oris *n.* Verres semper superius suum facinus novo scelere vincit.	Tat *(meist negativ)* Verres übertrifft jeweils seine frühere Tat durch ein neues Verbrechen. (V 116)
factum, -ī *n.*	Tat
facultās, -ātis *f.* Mihi facultas ad accusandum datur. Mecum omni dicendi facultate contendis.	1. Möglichkeit 2. Fähigkeit Mir wird die Möglichkeit zur Anklage gegeben. (II 178) Du kämpfst gegen mich mit deiner gesamten Redefähigkeit. (V 174)
falsus, -a, -um	falsch
fāma, -ae *f.*	1. Gerücht 2. guter Ruf
familia, -ae *f.*	1. Familie 2. Dienerschaft
familiāris, -e rēs familiāris *f.*	1. befreundet 2. Freund Besitz
fidēs, -eī *f.*	1. Treue 2. Vertrauen 3. Zuverlässigkeit 4. Schutz

flāgitium, -iī *n.*	Schandtat, schlimmes Vergehen
foedus, -deris *n.*	Bündnis, Vertrag
fortasse	vielleicht
forte	zufällig
forum, -ī *n.*	1. Marktplatz 2. *(in Rom)* das Forum
frāter, -tris *m.*	Bruder
frūctus, -ūs *m.* Laboris mei fructum feram.	1. Frucht 2. Erfolg Ich werde einen Erfolg von meiner Anstrengung davontragen. (I 2)
frūmentum, -ī *n.*	Getreide
fugere, -iō, fūgī, fugitum Praedonum impetum fugiebant.	fliehen Sie flohen vor dem Angriff der Seeräuber. (V 90)
fundus, -ī *m.*	Grundstück
furor, -ōris *m.*	Wahnsinnsausbruch
fūrtum, -ī *n.*	Diebstahl

G

gēns, gentis *f.*	Volk
gerere, gessī, gestum sē gerere Ita se gessit in his rebus. gerī *(pass.)* Cognoscere volo, quid gestum sit.	ausführen sich verhalten So verhielt er sich in diesen Dingen. (IV 49) geschehen Ich will erfahren, was passiert ist. (III 85)
glōria, -ae *f.*	Ruhm
grātia, -ae *f.* Quis erat, qui eius gratia non moveretur? Mihi fratrique meo gratias egit.	1. Ansehen 2. Dank Wer hätte sich nicht durch sein Ansehen beeinflussen lassen? (I 74) Er dankte mir und meinem Bruder. (III 170)

grātus, -a, -um	1. dankbar 2. willkommen
gravitās, -ātis *f.*	Gewicht

H

hīc	hier
honestus, -a, -um	ehrenwert
hospes, -itis *m.*	Gastfreund: 1. Gast 2. Gastgeber

I

idcircō	deswegen
immortālis, -e	unsterblich
imperāre, -vī, -tum	1. herrschen 2. befehlen 3. anfordern
Haec civitas propter virtutem omnibus nationibus imperat.	Unsere Stadt herrscht wegen ihrer Leistungen und Verdienste über alle Völker. (IV 81)
Iis imperavit, ut pecuniam conferrent.	Er befahl ihnen, Geld zu sammeln. (II 145)
Verres civitatibus frumentum imperabat.	Verres forderte von den Gemeinden Getreide an. (I 95)
impetus, -ūs *m.*	Angriff
improbus, -a, -um	schlecht, bösartig
impudentia, -ae *f.*	Unverschämtheit
incrēdibilis, -e	unglaublich
ingenium, -iī *n.*	Intelligenz, Geist
inimīcus, -a, -um	1. feindlich 2. Feind
iniūria, -ae *f.*	Unrecht, Ungerechtigkeit
innocēns; *Gen.* -entis	1. unschuldig 2. untadelig
inquam inquit	sage ich sagt er, sagte er

īnstitūtum, -ī *n.*	**1. Grundsatz 2. Anordnung**
Nullam auctoritatem instituta maiorum habebant.	Keine Geltung hatten die Grundsätze der Vorfahren. (I 38)
Prius iura Siculorum, deinde Verris instituta cognoscite!	Nehmt zunächst die Gesetze der Sikuler zur Kenntnis, dann die Anordnungen des Verres! (II 32)
integer, -gra, -grum	unbeeinträchtigt: **1. untadelig 2. vollständig**
intellegere, -lēxī, -lēctum	**merken**
inter	**zwischen, unter**
invenīre, -vēnī, -ventum	**finden**
invidia, -ae *f.*	**1. Unbeliebtheit 2. Eifersucht, Neid**
Populus Syracusanus in maximam invidiam pervenit.	Syrakus wurde sehr unbeliebt. (II 45)
iubēre, iussī, iussum	**1. befehlen 2. (etw. ausführen) lassen**
Iubet illos discedere.	Er befiehlt ihnen zu verschwinden. (IV 65)
Signum dari iussit.	Er ließ das Zeichen geben. (V 88)
iūstus, -a, -um	**gerecht**

L

labor, -ōris *m.*	**1. anstrengende Tätigkeit 2. Anstrengung**
Id ego meo labore consecutus sum.	Das erreichte ich mit meiner eigenen anstrengenden Tätigkeit. (a. p. 6)
Id nullo labore faciebat.	Er erreichte das mühelos. (II 135)
laudāre, -vī, -tum	**loben**

laus, laudis *f.*	Anerkennung, Ruhm
lēgātiō, -ōnis *f.*	Gesandtschaft
lēgātus, -ī *m.*	1. Gesandter 2. Legat (*Stellvertreter des Gouverneurs*)
lēgiō, -ōnis *f.*	Legion
līber, lībera, līberum	frei
līberāre, -vī, -tum Ista te cura libero.	befreien Von dieser Sorge befreie ich dich. (V 11)
līberī, -ōrum *m. Pl.*	Kinder
lībertās, -ātis *f.*	Freiheit
libīdō, -inis *f.*	1. Leidenschaft 2. Willkür
licet, -uit Ne id quidem ei licet dicere. Id ita fieri licet.	es ist erlaubt Nicht einmal das darf er sagen. (III 225) Das darf so geschehen. (III 204)
longus, -a, -um longē (*adv.*) Templum est non longe a foro. Longe alia mihi lege vivendum est.	lang 1. weit 2. bei weitem Der Tempel befindet sich nicht weit vom Marktplatz. (IV 94) Ich muss nach einem ganz anderen Gesetz leben. (V 180)
loquī, locūtus sum	sprechen
lūdus, -ī *m.*	Spiel

M

magistrātus, -ūs *m.*	1. Amt 2. Beamter
māgnitūdō, -inis *f.*	Größe
mālle, mālō, māluī	lieber wollen
malus, -a, -um	schlecht

manus, -ūs *f.*	**1. Hand 2. Gruppe**
māter, -tris *f.*	**Mutter**
memoria, -ae *f.*	**1. Erinnerung 2. Zeit**
Tenetis memoria, quid responderit.	Ihr erinnert euch an das, was er geantwortet hat. (IV 17)
Nostra patrumque memoria …	Zu unserer und unserer Väter Zeit … (III 125)
mēns, mentis *f.*	**Geist, Verstand**
Muta istam mentem!	Ändere deine Einstellung! (= Ändere dich!) (Cat. I 6)
Venit mihi in mentem M. Catonis.	Mir fällt M. Cato ein. (V 180)
merēre, -uī *und (meist)* **merērī**, meritus sum	**1. verdienen 2. sich verdient machen**
Si illum – quod erat meritus – morte affecissem, …	Wenn ich ihn – was er verdient hatte – getötet hätte, … (Cat. II 4)
Ita de populo Romano meritus est, ut …	Er hat sich so um Rom verdient gemacht, dass … (IV 81)
metuere, -uī	**fürchten**
Metuit, ne hoc vos existimetis.	Er fürchtet, dass ihr das glaubt. (II 151)
metus, -ūs *m.*	**Furcht**
mīles, -itis *m.*	**Soldat**
mīlle, *Pl.* mīlia	**tausend**
mīrārī, -tus sum	**sich wundern**
miser, -a, -um	unglücklich: **1. arm 2. schlimm**
Hominem miserum condemnavit.	Er verurteilte den armen Menschen. (II 74)
In hac tam misera condicione vitae …	Unter diesen so schlimmen Lebensbedingungen … (III 98)
monumentum, -ī *n.*	**Denkmal**

morī, -ior, mortuus sum	sterben
mors, mortis *f.*	Tod
mōs, mōris *m.*	Sitte: 1. Lebensauffassung 2. Tradition
Verris mores improbos impurosque nōstis.	Ihr kennt die abscheulichen Lebensgrundsätze des Verres. (III 23)
Supplicium more maiorum sumpsit.	Er vollzog die Strafe nach der Tradition (unserer Vorfahren). (V 133)
mulier, -ris *f.*	Frau
multitūdō, -inis *f.*	Menge
multum	viel
Komp. plūs; *Superl.* plūrimum	
Aratores metu coacti multo plus, quam debebant, dederunt.	Die Pächter lieferten aus Furcht viel mehr ab, als sie mussten. (III 153)
mūnicipium, -iī *n.*	Stadt *(mit besonderen Rechten)*, „Munizipium"

N

nāscī, nātus sum	1. geboren werden 2. entstehen
nātiō, -ōnis *f.*	Volk
nātūra, -ae *f.*	Natur
nāvis, -is *f.*	Schiff
-ne	*Fragesignal*
necessārius, -a, -um	1. notwendig 2. Freund
necesse est	es ist nötig
Istum condemnetis necesse est.	Den müsst ihr verurteilen. (I 45)
Id non est necesse demonstrare verbis.	Das braucht nicht mit Worten nachgewiesen zu werden. (I 195)
Eum condemnari necesse est.	Er muss verurteilt werden. (II 143)

nefārius, -a, -um	**frevelhaft, verbrecherisch**
negāre, -vī, -tum	1. **nein sagen, leugnen** 2. **sagen, dass nicht …**
Negare omnia constituisti.	Du hast dir vorgenommen, alles zu leugnen. (III 149)
Negat id ullo modo fieri posse.	Er sagt, dass das auf keine Weise geschehen könne. (IV 85)
neglegere, -lēxī, -lēctum	**nicht beachten**
negōtium, -iī *n.*	**Tätigkeit, Sache**
nescīre	**nicht wissen**
nesciō quī	irgendein
Pervenit res ad istius aures nescio quo modo.	Die Sache kam ihm irgendwie zu Ohren. (IV 65)
nimis *und* **nimium**	1. **zu sehr** 2. **zu**
Nimis causae suae confidit.	Er vertraut seiner Sache zu sehr. (II 69)
Nimium hic diligens est.	Er ist zu sorgfältig. (IV 56)
nōbilis, -e	1. **angesehen** 2. **adlig**
nōlle, nōlō, nōluī	**nicht wollen**
nōmināre, -vī, -tum	**nennen**
nōnne	**nicht?, nicht wahr?**
Nonne coacti sunt?	Wurden sie nicht gezwungen? / Sie wurden gezwungen, nicht wahr? (III 88)
nōvī	**ich kenne**
Verrem non noverat.	Er kannte Verres nicht. (IV 63)
novus, -a, -um	neu: 1. **neuartig** 2. **unbekannt**
num	1. **etwa?** 2. *(indir. Frage)* **ob**
Num quis dubitare poterit, quin …?	Wird etwa jemand daran zweifeln können, dass …? (III 111)
Quaeritis, num quas pecunias ceperit.	Ihr fragt, ob er irgendwelche Geldbeträge genommen hat. (III 40)

numerus, -ī *m.*	**Zahl**
numquam	**niemals**

O

ob	**wegen**
Quam ob rem multa praetermittam.	Deswegen werde ich vieles übergehen. (IV 105)
obicere, -iō, -iēcī, -iectum	**vorwerfen**
obtinēre, -uī, -tentum	**1. haben 2. behalten**
occīdere, -cīdī, -cīsum	**erschlagen**
oculus, -ī *m.*	**Auge**
odium, -iī *n.*	**Hass**
officium, -iī *n.*	**1. Pflicht 2. Aufgabe**
Prae cupiditate officii sui rationem non habuit.	In seiner Gier nahm er keine Rücksicht auf seine Pflicht. (II 97)
Id ad officium tuum non pertinere arbitraberis.	Du wirst glauben, das gehöre nicht zu deiner Aufgabe. (IV 81)
omnīnō	**im Ganzen, überhaupt**
opera, -ae *f.*	**1. Tätigkeit 2. Mühe 3. Hilfe**
Ex agris maxima vis frumenti illorum operis ac laboribus quaeritur.	Eine riesige Menge Getreide wird durch deren anstrengende Tätigkeiten aus dem Boden geholt. (V 123)
Operae pretium est legem ipsam cognoscere.	Es ist der Mühe wert, das Gesetz im Wortlaut zur Kenntnis zu nehmen. (I 143)
Siculis operam tuam polliceberis?	Den Sikulern wirst du deine Hilfe versprechen? (d. C. 21)
opēs, opum *f. Pl.*	**materielle Mittel, Macht**
opīnārī, -tus sum	**vermuten**
Quid habes, quod reprehendas? Nihil, opinor.	Was findest du daran zu bemängeln? Nichts, vermutlich. (I 114)

opīniō, -ōnis *f.*	Vermutung
oppidum, -ī *n.*	Stadt
opprimere, -pressī, -pressum	1. unter Druck setzen 2. überfallen
His testibus sic oppressus est, ut …	Durch diese Zeugen wurde er so unter Druck gesetzt, dass … (I 20)
oppūgnāre, -vī, -tum	angreifen
optāre, -vī, -tum	wünschen
opus, operis *n.*	1. Werk, Kunstwerk 2. Arbeit
māgnō opere	sehr
Eum statuae magno opere delectant.	Ihm gefallen die Statuen sehr. (II 143)
tantō opere	so sehr
opus est	es ist nötig
Quid opus est iudicio?	Wozu braucht es da ein Gerichtsurteil? (III 34)
ōrnāmentum, -ī *n.*	Schmuckgegenstand
ōrnāre, -vī, -tum	ausstatten
ōrnātus, -a, -um	geehrt, angesehen
ōs, ōris *n.*	1. Mund 2. Gesicht
ostendere, -tendī, -tentum	1. zeigen 2. darlegen
Statuas vobis possem ostendere.	Ich könnte euch die Statuen zeigen. (II 164)
Ostendit fieri id nullo modo posse.	Er legte dar, dass das keinesfalls geschehen könne. (II 85)
ōtium, -iī *n.*	1. freie Zeit 2. Ruhe

P

paene	fast
parāre, -vī, -tum	1. vorbereiten 2. bereitstellen, organisieren →

Publice sibi convivia parari iubebat.	Er gab den Befehl, für ihn von Staats wegen Feste zu organisieren. (III 65)
parātus, -a, -um	bereit
parēns, -entis *m. / f.*	1. Vater, Mutter 2. *Plur.* Eltern
parvus, -a, -um *Komp.* minor; *Superl.* minimus	klein
patī, -ior, passus sum	zulassen
patria, -ae *f.*	Heimatstadt, Heimatland
patrōnus, -ī *m.*	1. Schutzherr, „Patron" 2. Verteidiger
paucī, -ae, -a	wenige
paulō paulo amplius …, quae paulo ante commemoravi.	ein wenig, etwas etwas mehr (a. p. 37) …, was ich kurz vorher erwähnte. (IV 139)
pāx, pācis *f.*	Frieden
perdere, -didī, -ditum **perditus**, -a, -um	1. verlieren 2. zugrunde richten 1. verzweifelt 2. verkommen
pertimēscere, -timuī Quis non pertimescat? Non ego istam defensionem vestram pertimescam.	1. in Furcht geraten 2. fürchten Wer bekommt da wohl keine Angst? (V 14) Ich werde diese Verteidigungstaktik von euch nicht fürchten. (III 217)
pertinēre, -uī Scire volebat, ad quem illa res pertineret. An haec ad rem non pertinent?	betreffen Er wollte wissen, wen das betraf. (I 131) Gehört das alles etwa nicht zur Sache? (I 127)
pervenīre, -vēnī, -ventum Huius facti fama in ultimas terras perveniet.	hinkommen Das Gerücht von dieser Tat wird bis ans Ende der Welt kommen. (IV 68)

petere, -tīvī, -tītum	zu erreichen suchen: **1. bitten, fordern** **2. sich bewerben**
Siculi opem a me atque auxilium petiverunt.	Die Sikuler haben mich um Unterstützung und Hilfe gebeten. (d. C. 12)
Verres praeturam petebat.	Verres bewarb sich um das Prätorenamt. (I 125)
plēnus, -a, -um	**voll**
Oppidum erat plenissimum signorum optimorum.	Die Stadt war übervoll von vorzüglichen Bildwerken. (I 53)
poena, -ae *f.*	**Strafe**
pōnere, posuī, positum	**setzen, stellen, legen**
positum esse in (*mit Abl.*)	beruhen auf
Spes tota in hac lege posita est.	Die gesamte Hoffnung beruht auf diesem Gesetz. (d. C. 18)
pontifex, -icis *m.*	**Priester**
populāris, -e	**das Volk unterstützend, im Interesse des Volkes**
portus, -ūs *m.*	**Hafen**
possessiō, -ōnis *f.*	**Besitz**
possidēre, -sēdī, -sessum	**besitzen**
post	**1. nach 2. später**
Ea paulo post commemorabo.	Das werde ich etwas später erwähnen. (d. C. 22)
posteā	**später**
posterus, -a, -um	**der folgende**
Superl. postrēmus, -a, -um	der letzte
postrēmō	schließlich
postulāre, -vī, -tum	**fordern**
potius	**eher**
Superl. potissimum	in erster Linie

praeclārus, -a, -um	großartig
praeda, -ae *f.*	Beute
praedō, -ōnis *m.*	Seeräuber
praemium, -iī *n.*	Belohnung
praesēns; *Gen.* -sentis Se praesente civem Romanum interfectum esse dixit.	1. anwesend 2. gegenwärtig Er sagte, in seiner Anwesenheit sei ein römischer Bürger getötet worden. (I 14)
praesertim	vor allem
praesidium, -iī *n.*	1. Schutz, Bewachung 2. Wachtposten
praeter	außer
praetereā	außerdem
praeterīre, -eō, -iī, -itum Omnia praeteribo, quae mihi turpia dictu videbuntur.	übergehen Ich werde alles übergehen, was zu nennen mir anstößig erscheint. (I 32)
prior, prius	der frühere
prīmus, -a, -um	der erste
prīmum *(adv.)*	zuerst
prīnceps, -cipis	1. der erste 2. führende Persönlichkeit
prīvātus, -a, -um	1. persönlich, privat 2. Privatperson
probāre, -vī, -tum Cui probari potest te tantum periculum neglexisse? Is id, quod facio, probabit.	1. klarmachen 2. richtig finden Wem kann klar gemacht werden, dass du ein so großes Risiko nicht im Blick gehabt hast? (III 52) Er wird das, was ich tue, richtig finden. (d. C. 1)
prōfectō	tatsächlich

prōferre, -ferō, -tulī, -lātum	**vortragen, bringen**
Nihil nimium vetus proferam.	Ich will nichts zu Altes vortragen. (IV 56)
Unius cuiusque generis exempla profero.	Ich bringe Beispiele für jede einzelne Gruppe (von Taten). (IV 49)
proficiscī, -fectus sum	**aufbrechen**
prope	**1. nahe 2. nahezu**
Decernitur prope cunctis sententiis …	Man beschließt nahezu einstimmig … (IV 145)
Propius accessit.	Er kam näher heran. (Caecin. 21)
propinquus, -a, -um	**1. nah, verwandt 2. der Verwandte**
prōpōnere, -posuī, -positum	**vor Augen stellen**
In testibus interrogandis omnia crimina proposui.	Bei der Zeugenbefragung habe ich alle Anklagepunkte deutlich dargestellt. (I 29)
Morte proposita defensionem scripsit.	Mit dem Tod vor Augen schrieb er seine Verteidigung. (V 112)
propter	**wegen**
pudor, -ōris *m.*	**Zurückhaltung, Schamgefühl**

Q

quaestiō, -ōnis *f.*	**Untersuchung**
quaestor, -ōris *m.*	**Quästor**
quamquam	**obwohl**
quasi	**1. als ob 2. gewissermaßen**
Ita se gessit, quasi reus numquam esset futurus.	Er verhielt sich so, als ob er niemals ein Angeklagter sein würde. (IV 49)
Id quasi exempli causa proferre possem.	Das könnte ich gewissermaßen als Beispiel anführen. (II 183)

querī, questus sum	sich beschweren
quia	weil
quīn Non dubito, quin tuorum tibi scelerum veniat in mentem. Nemo est, quin hoc se audisse dicat.	1. dass 2. *(z. B.* **nēmō** *…)* der nicht Ich zweifle nicht daran, dass du an deine Verbrechen denkst. (I 47) Es gibt niemanden, der nicht sagt, er habe dies gehört. (IV 55)
quisque, quidque (*subst.*) quisque, quaeque, quodque (*adj.*)	jeder
quō Exspectabant omnes, quo profecturus esset. …, quo facilius hunc condemnare possitis.	1. wohin 2. *(mit Komp.)* damit umso Alle warteten ab, wohin er aufbrechen würde. (V 161) …, damit ihr diesen umso leichter verurteilen könnt. (IV 100)
quoniam	da ja
quoque	auch

R

recipere, -iō, -cēpī, -ceptum	aufnehmen
recitāre, -vī, -tum	vorlesen
reddere, -didī, -ditum	zurückgeben
reditus, -ūs *m.*	Rückkehr
referre, referō, rettulī, relātum grātiam referre	1. bringen 2. berichten danken
rēgnum, -ī *n.*	1. Herrschaft (eines Königs) 2. Reich (eines Königs)
reliquus, -a, -um	übrig
repente	plötzlich

reperīre, repperī, repertum	finden
repetere, -petīvī, -petītum Lex est de pecuniis repetundis.	zurückfordern Es besteht das Gesetz betreffs Forderung von Schadenersatz. (IV 17)
reprehendere, -hendī, -hēnsum	tadeln
repudiāre, -vī, -tum	zurückweisen
requīrere, -quīsīvī, -quīsītum Veterem iudiciorum severitatem non requiro.	1. fragen 2. verlangen Ich verlange nicht die frühere Strenge der Gerichtsurteile. (III 146)
respondēre, -spondī, -spōnsum	antworten
restituere, -uī, -ūtum	wiederherstellen
retinēre, -uī, -tentum Hominem summa vi retinere coepit. Retineri oportet iura libertatis.	1. festhalten 2. bewahren, erhalten Er machte sich daran, den Mann mit aller Gewalt festzuhalten. (I 64) Die Freiheitsrechte muss man bewahren. (V 143)
reus, -ī *m.*	Angeklagter
rogāre, -vī, -tum Rogat eum, ut ad illum det litteras.	1. fragen 2. bitten Er bittet ihn, an jenen zu schreiben. (IV 39)

S

sacer, sacra, sacrum **sacra**, -ōrum *n. Pl.*	heilig 1. Heiligtum 2. religiöser Brauch
saepe	oft
sānctus, -a, -um	1. heilig 2. ehrwürdig
sanguis, -inis *m.*	Blut
sapiēns; *Gen.* -entis	weise

sapientia, -ae *f.*	Weisheit
satis Satisne magnum crimen hoc videtur?	1. genug 2. genügend Scheint das ein genügend großes Verbrechen zu sein? (II 177)
scelerātus, -a, -um	verbrecherisch
scīre, -vī, -tum	wissen
scrībere, scrīpsī, scrīptum	schreiben
sēdēs, -is *f.*	1. Sitz 2. Wohnstätte, Heimat
senātor, -ōris *m.*	Senator
senātus, -ūs *m.*	Senat
sentīre, sēnsī, sēnsum Omnia consilia ad me perlata esse sentiunt. In qua causa omnes sentiunt unum atque idem.	1. denken 2. merken Sie merken, dass alle Pläne mir übermittelt worden sind. (Cat. II 6) In dieser Sache denken alle ein- und dasselbe. (Cat. IV 14)
sequī, secūtus sum Tua sequar iudicia.	folgen Ich werde mich an deine Entscheidungen halten. (V 19)
sermō, -ōnis *m.* Refertur eius sermo ad illum.	1. Gespräch 2. mündliche Äußerung Seine Äußerung wird ihm mitgeteilt. (III 61)
servāre, -vī, -tum Hanc legem omnes praetores servaverunt.	1. bewahren 2. retten 3. beachten Dieses Gesetz haben alle Prätoren beachtet. (II 39)
sēstertius, -iī *m.*	Sesterz
sēvērus, -a, -um	streng
sīcut	wie

sīgnum, -ī *n.* Ante aedem in aperto loco signa duo sunt pulcherrima.	**1. Zeichen 2. Götterbild, Statue** Vor dem Tempel stehen im Freien zwei wunderschöne Götterstatuen. (IV 110)
similis, -e Ille nulla in re quicquam simile hominis habet. Id mihi numquam veri simile visum est.	**ähnlich** Jener besitzt in keinem Bereich irgendetwas Menschenähnliches. (IV 33) Das schien mir nie wahrscheinlich. (IV 91)
simul	**zugleich**
sīn	**wenn aber**
singulāris, -e	**außerordentlich**
singulī, -ae, -a	**einzeln**
societās, -ātis *f.*	**Gemeinschaft, Gemeinsamkeit**
sōlus, -a, -um nōn sōlum	**allein** nicht nur
solvere, -vī, solūtum	lösen: **1. befreien 2. bezahlen**
spērāre, -vī, -tum	**hoffen**
spēs, -eī *f.*	**Hoffnung**
spoliāre, -vī, -tum Hominem omni argento spoliasti. Verres fana spoliasse dicitur.	**1. rauben 2. ausplündern** Du hast dem Mann sein ganzes Silber geraubt. (IV 37) Verres soll die Heiligtümer ausgeplündert haben. (d. C. 11)
statim	**sofort**
statua, -ae *f.*	**Statue**
statuere, -uī, statūtum Statuit non posse illum condemnari.	**1. feststellen 2. beschließen** Er stellte fest, dass jener nicht verurteilt werden konnte. (III 153) →

Statuerunt id secum in Syriam reportare.	Sie beschlossen, den Gegenstand nach Syrien mit zurückzunehmen. (IV 64)
suffrāgium, -iī *n.*	**Abstimmung, Ausübung des Stimmrechts**
sūmere, sūmpsī, sūmptum	**nehmen**
superior, -ius	**1. höher 2. früher**
Quid proxima, quid superiore nocte egisti?	Was hast du in der letzten, was in der Nacht davor getan? (Cat. I 1)
supplicium, -iī *n.*	**1. Bestrafung 2. Hinrichtung**
suscipere, -iō, -cēpī, -ceptum	**auf sich nehmen**
Hominum potentissimorum suscepit inimicitias.	Er nahm die Feindschaft äußerst mächtiger Männer auf sich (= in Kauf). (V 180)
suspīciō, -ōnis *f.*	**Verdacht**
sustinēre, -uī	**aushalten**

T

tabula, -ae *f.*	**Verzeichnis**
tālis, -e	**so ein, solcher**
Talis ille vir fuit, ut …	So ein Mann war er, dass er … (IV 81)
Maiores nostri longe aliter de talibus viris existimabant.	Unsere Vorfahren schätzten solche Leute ganz anders ein. (Sex. Ro. 50)
tamquam	**gewissermaßen wie**
E convivio tamquam e proelio auferebatur.	Er wurde von dem Fest gewissermaßen wie nach einer Schlacht abtransportiert. (V 28)
tandem	**1. endlich** **2. (*in Fragen, z. B.* wer …) denn**
Quid nunc tandem facere debemus?	Was müssen wir denn nun tun? (V 172)

tantum	1. so viel, so sehr 2. nur
Tantum laboris suscepit.	So viel Mühe nahm er auf sich. (V 128)
Ea flagitia reprehendenda tantum puto.	Diese Taten, meine ich, braucht man nur zu kritisieren. (IV 83)
templum, -ī *n.*	Tempel
tenēre, -uī, tentum	halten, festhalten
terra, -ae *f.*	1. Erde 2. Land
testimōnium, -iī *n.*	Zeugenaussage
testis, -is *m.*	Zeuge
timēre, -uī	1. fürchten 2. Angst haben
tollere, sustulī, sublātum	1. hochheben 2. entfernen, beseitigen 3. aufheben
Civis Romanus sublatus est in crucem.	Ein römischer Bürger wurde gekreuzigt. (I 13)
Verres simulacrum Cereris tollere ausus est.	Verres wagte es, die Statue der Ceres zu entfernen. (IV 112)
Lex de pecuniis repetundis tollatur.	Das Gesetz über den Schadenersatz soll aufgehoben werden. (a. p. 41)
tot	so viele
trādere, -didī, -ditum	1. übergeben 2. übermitteln
Verres naves homini Syracusano tradit.	Verres übergibt die Schiffe einem Syrakusaner. (V 82)
Mos a maioribus traditus est, ut …	Von den Vorfahren her ist der Brauch (als Tradition) übermittelt worden, … (IV 79)
tribūnus, -ī *m.*	Tribun: 1. (plebis) Volkstribun 2. (militum) Militärtribun
tuērī	bewahren, erhalten

turpis, -e	hässlich, unehrenhaft, schändlich

U

ubi	1. wo 2. sobald
Quaerebant ex isto, ubi fuisset.	Sie fragten ihn, wo er gewesen sei. (V 94)
Quod ubi iste audivit, …	Sobald der das hörte, … (IV 39)
unde	von wo
ūniversus, -a, -um	gesamt
ūsque	bis
Praeturae rationem usque ad hoc tempus non rettulit.	Über seine Prätur hat er bis heute keine Rechenschaft abgelegt. (I 98)
uterque, utraque, utrumque	jeder von beiden
Utrique facit potestatem.	Beiden gibt er die Möglichkeit. (III 35)
ūtī, ūsus sum	benutzen
Utar ad dicendum meo legitimo tempore.	Ich werde zum Reden die mir gesetzlich zustehende Zeit ausnutzen. (a. p. 32)

V

valēre, -uī	Bedeutung haben
Dicam de eo, quod apud vos plurimum debet valere.	Ich will über das sprechen, was für euch die größte Bedeutung haben muss. (d. C. 11)
vectīgālia, -ium *n. Pl.* *(selten Sg.* -al*)*	Steuereinkünfte
vehemēns; *Gen.* -entis	1. heftig 2. energisch
vel	1. oder 2. beziehungsweise 3. sogar
Ad urbem vel in urbem potius exercitum adducit.	Er führt das Heer an die Stadt heran bzw. eher in die Stadt hinein. (Phil. V 22) ↗

Locum vel pauci possent defendere.	Sogar wenige Leute könnten die Stelle verteidigen. (V 84)
vel … vel …	entweder … oder …
velle, volō, voluī	**wollen**
vēndere, -didī, -ditum	**verkaufen**
verērī, veritus sum	**fürchten**
Veritus est, ne id sibi crimini daretur.	Er fürchtete, dass man ihm das vorwerfen würde. (I 12)
versārī, -tus sum	**1. sich aufhalten 2. sich beschäftigen**
Convivia erant non eo pudore, qui in magistratuum conviviis versari soleat.	Die Festlichkeiten waren nicht von derartigem Anstand geprägt, wie er gewöhnlich bei Festen von Beamten herrscht. (V 28)
In publicanorum causis vel plurimum aetatis meae versor.	Mit den Problemen der Steuerpächter beschäftige ich mich geradezu den größten Teil meines Lebens. (II 181)
vērum	**aber**
vērus, -a, -um	**1. wahr, wirklich 2. richtig**
vērē	wahrheitsgemäß
vetus; *Gen.* veteris	**alt**
via, -ae *f.*	**1. Weg, Straße 2. Methode**
victōria, -ae *f.*	**Sieg**
vincere, vīcī, victum	**1. siegen 2. besiegen**
violāre, -vī, -tum	**verletzen, Gewalt antun**
vitium, -iī *n.*	**Fehler, negative Eigenschaft**
vīvere, vīxī, vīctum	**leben**
vix	**kaum**
vocāre, -vī, -tum	**1. rufen 2. nennen**
In his locis rapta est Libera, quam Proserpinam vocant.	In dieser Gegend wurde Libera geraubt, die sie (die Sikuler) Proserpina nennen. (IV 106) →

vocāre in ... Eum in iudicium rei publicae causa vocant.	bringen Sie bringen ihn aus Gemeininteresse vor Gericht. (III 1)
voluptās, -ātis *f.*	Vergnügen
vōx, vōcis *f.*	1. Stimme 2. Wort

Ergänzungswortschatz

A

abesse, absum, āfuī	entfernt sein
abicere, -iō, -iēcī, -iectum	wegwerfen
accidere, accidī	geschehen
addere, -didī, -ditum	hinzufügen
adire, -eō, -iī, -itum	hingehen
aditus, -ūs *m.*	Zugang
adulēscentia, -ae *f.*	Jugend
aerārium, -iī *n.*	Staatskasse
afflīgere, -flīxī, -flīctum	niederschmettern, erschüttern
Aratores iam superioribus annis afflicti erant ac paene perditi.	Die Pächter waren bereits in den Vorjahren arg mitgenommen worden und nahezu in ihrer Existenz vernichtet. (III 77)
Verres provincias frumento imperando afflixit.	Verres schwächte die (Wirtschaftskraft der) Provinzen, indem er Getreidelieferungen verlangte. (I 95)
animadvertere, -vertī, -versum	bemerken
arātor, -ōris *m.*	Pächter
argūmentum, -ī *n.*	Beweis
assequi, -secūtus sum	erreichen
attendere, -tendī, -tentum	aufpassen
attingere, -tigī, -tāctum	berühren
aurēs, -ium *f. Pl.*	Ohren
Nihil audivisti, nihil ad tuas aures pervenit.	Nichts hast du gehört, nichts kam dir zu Ohren. (III 132)

aurum, -ī *n.*	Gold

B

barbarus, -a, -um	**1. unzivilisiert** **2. der Fremde** *(= Nicht-Römer)*
Animos etiam barbarorum hominum permoverem.	Ich würde sogar Wilde beeindrucken. (V 150)

C

carēre, -uī	**etw. nicht haben, ohne etw. sein**
Verris milites in provincia Sicilia frumento caruerunt.	Die Soldaten des Verres waren ohne Verpflegung, und das in der Provinz Sizilien. (V 137)
cārus, -a, -um	**1. wertvoll 2. lieb**
Patria mihi vita mea multo est carior.	Meine Heimatstadt ist mir viel mehr wert als mein eigenes Leben. (Cat. I 27)
castra, -ōrum *n. Pl.*	**Lager**
cēdere, cessī, cessum	**zurückweichen (vor)**
„Cedant arma togae“: at postea tuis armis cessit toga!	„Die Waffen sollen der Toga weichen“: Aber später wich die Toga deinen Waffen! (Phil. II 20)
cīvīlis, -e	**bürgerbezogen**
bellum cīvīle	Bürgerkrieg
iūs cīvīle	Zivilrecht
colere, coluī, cultum	**in Ehren halten**
colōnus, -ī *m.*	**Siedler, Angehöriger einer „Kolonie“**
comes, -itis *m.*	**Begleiter**
comprobāre, -vī, -tum	**gutheißen, bestätigen**

concitāre, -vī, -tum Nullam in te invidiam concitabo. Homines decretis tuis in te concitati sunt.	(etw.) erregen, (jdn.) aufbringen Ich werde keinen Hass gegen dich erregen. (V 21) Die Leute wurden durch deine eigenen Erlasse gegen dich aufgebracht. (I 93)
cōnstat	es steht fest
contentiō, -ōnis *f.*	1. Streit 2. Anstrengung
conventus, -ūs *m.*	Zusammenkunft
convīvium, -iī *n.*	Fest
corrumpere, -rūpī, -ruptum	1. verderben 2. bestechen
culpa, -ae *f.*	Schuld
cūra, -ae *f.*	Sorge
cūria, -ae *f*	Kurie *(Sitzungsgebäude des Senats)*

D

dēclārāre, -vī, -tum	deutlich machen
decuma, -ae *f.*	der Zehnte
decumānus, -ī *m.*	Pächter mit „Zehnt-Verpflichtung"
dēdūcere, -dūxī, -ductum	1. wegführen 2. hinbringen
dēfēnsor, -ōris *m.*	Verteidiger
dēicere, -iō, -iēcī, -iectum	herunterwerfen, entfernen
dēlēre, -vī, -tum	vernichten
dēligere, -lēgī, -lēctum	auswählen
dēmōnstrāre, -vī, -tum	darlegen
dēserere, -uī, -tum	verlassen
dēsīgnātus, -a, -um	designiert *(ernannt, aber noch nicht im Amt)*

discēdere, -cessī, -cessum	weggehen
disciplīna, -ae *f.*	Erziehung: 1. Ausbildung 2. Erziehungsmethode
dīvīnus, -a, -um	göttlich: 1. übermenschlich 2. die Götter betreffend
docēre, -uī, -tum Haec omnia vera esse docebo. Docet hominem, quid possit fieri.	darlegen Ich werde darlegen, dass dies alles wahr ist. (III 123) Er legt dem Mann dar, was passieren kann. (I 105)

E

ergō	also
ēvertere, -vertī, -versum	zerstören, vernichten
excitāre, -vī, -tum	hervorrufen, erregen
exsistere, -stitī	entstehen, auftreten
extrēmus, -a, -um … in extremis atque ultimis gentibus … … in extrema oratione nostra …	1. der äußerste 2. der letzte … bei den am weitesten entfernten Völkern … (V 166) … am Ende meiner Rede … (Sex. Ro. 129)

F

familiāritās, -ātis *f.*	Freundschaft
fānum, -ī *n*	Heiligtum
fatērī, fassus sum	gestehen
ferrum, -ī *n.*	1. Eisen 2. Waffe
fingere, finxī, fictum	ausdenken
fīnis, -is *m.*	1. Ende 2. Grenze

frequēns; *Gen.* -entis In consilium frequentes convenerant. Frequens senatus venit.	1. zahlreich 2. vollzählig Sie waren zahlreich zu der Versammlung erschienen. (II 71) Der Stadtrat kam vollzählig. (IV 87)

G

gladiātor, -ōris *m.*	Gladiator

H

hērēditās, -ātis *f.*	Erbschaft
hūmānitās, -ātis *f.*	„Menschlichkeit": 1. Freundlichkeit 2. Bildung

I

ibi	dort
īgnōminia, -ae *f.*	Schande
immō	im Gegenteil!
impedīre, -vī, -tum	hindern
impius, -a, -um	frevelhaft, moralisch verwerflich
improbitās, -ātis *f.*	Unredlichkeit, Bösartigkeit
impudēns; *Gen.* -entis	unverschämt
impūrus, -a, -um	(moralisch) hässlich, dreckig
indīgnus, -a, -um	unwürdig, gesellschaftlich inakzeptabel
inimīcitiae, -ārum *f. Pl.*	Feindschaft
inīquus, -a, -um	ungerecht
īnsidiae, -ārum *f. Pl.*	Hinterhalt
interest, interfuit	1. es liegt im Interesse jds. 2. es besteht ein Unterschied (zwischen …) →

Sociorum interesse arbitrabatur.	Er glaubte, es liege im Interesse der Verbündeten. (II 169)
Quantum interest inter meam tuamque accusationem!	Welch großer Unterschied besteht zwischen meiner und deiner Anklage! (d. C. 35)
Quid interest, utrum hoc feceris an pecuniam publicam tenueris?	Was macht es für einen Unterschied, ob du das getan hast oder öffentliche Gelder unterschlagen hast? (III 174)
interficere, -iō, -fēcī, -fectum	**töten**
invītus, -a, -um	**ungern**
Siculi inviti pecuniam contulerunt.	Die Sikuler sammelten das Geld ungern. (II 154)
Nemo illo invito bona retinere potuit.	Niemand konnte ohne dessen Einwilligung sein Vermögen behalten. (III 81)
īrātus, -a, -um	**zornig**
item	**ebenso**
iter, itineris *n.*	**Weg**
Iter per Siciliam facere voluit.	Er wollte durch Sizilien reisen. (IV 61)

L

lacrima, -ae *f.*	**Träne**
latrō, -ōnis *m.*	**Bandit**
levis, -e	**1. leicht 2. unbedeutend**
Illa, quae leviora videntur, praeteribo.	Das, was zu unbedeutend erscheint, werde ich übergehen. (IV 131)
libenter	**gern**
lūctus, -ūs *m.*	**Trauer**

M

maleficium, -iī *n.*	Verbrechen
manēre, mānsī, mānsum	bleiben
meminī	ich erinnere mich
mentiō, -ōnis *f.* Hereditatis mentionem fecerat nemo.	Erwähnung Niemand hatte die Erbschaft erwähnt. (II 46)
misericordia, -ae *f.*	Mitleid
movēre, mōvī, mōtum	bewegen
mūnus, -eris *n.*	Leistung: 1. Aufgabe 2. Geschenk
mūtāre, -vī, -tum	ändern

N

nōbilitās, -ātis *f.*	Adel
nōndum	noch nicht
nōnnūllī, -ae, -a	einige
nōnnumquam	manchmal
nōtus, -a, -um	bekannt
nox, noctis *f.*	Nacht
nummus, -ī *m.*	Münze; *speziell:* Sesterz
nuntiāre, -vī, -tum	melden
nūper	neulich

O

obscūrus, -a, -um	dunkel
occultus, -a, -um	heimlich
offendere, -fendī, -fēnsum **offēnsus**, -a, -um	verletzen verhasst
ōmittere, ōmīsī, ōmissum	beseite lassen

orbis (-is *m.*) **terrārum** Tria in orbe terrarum signa Iovis sunt.	Welt Es gibt auf der Welt drei Statuen des Jupiter. (IV 129)

P

palam	in aller Öffentlichkeit
pār, paris	gleich
parēre, -uī	gehorchen
perficere, -iō, -fēcī, -fectum simulacrum singulari opere perfectum … Perficiendum est, ut homines te audiant.	1. herstellen 2. erreichen 3. erledigen eine mit außerordentlicher Kunstfertigkeit hergestellte Götterstatue … (IV 72) Du musst erreichen, dass die Leute dir zuhören. (d. C. 39)
permittere, -mīsī, -missum Populus Romanus permittit vobis, ut habeatis istum vobiscum senatorem. Iis senatus omnem potestatem permiserat.	1. erlauben 2. überlassen Das römische Volk erlaubt euch, den da unter euch als Mitsenator zu haben. (II 77) Ihnen hatte der Senat die gesamte Macht übertragen. (III 19)
perniciēs, -ēī *f.*	Verderben
persequī, -secūtus sum	verfolgen
perspicere, -iō, -spexī, -spectum	deutlich erkennen
pestis, -is *f.*	Seuche, Verderben *(metaphor.)*
placet, -uit Placet ista mihi defensio. Lentulo et aliis urbem incendi placuit.	1. es gefällt 2. man beschließt Deine Verteidigung da gefällt mir. (II 177) Lentulus und andere beschlossen, Rom in Brand zu stecken. (Cat. III 10)

plānē Non possum dicere planius. Plane e civitatibus suis profugerunt.	1. deutlich 2. geradezu Ich kann mich nicht deutlicher ausdrücken. (IV 27) Sie flohen geradezu aus ihren eigenen Städten. (III 121)
plēbs, plēbis *f.*	1. Volk 2. (Romana) die Plebs (*Nicht-Patrizier*)
pollicērī, -citus sum Pollicetur id sibi magnae curae fore.	versprechen Er verspricht, er werde sich sehr darum kümmern. (IV 73)
praeditus, -a, -um Homo summa auctoritate praeditus …	ausgestattet Ein äußerst angesehener Mann … (III 170)
praedium, -iī *n.*	Landgut
praetermittere, -mīsī, -missum	auslassen
pretium, -iī *n.*	1. Wert 2. Preis 3. Geld
prius	eher
prohibēre, -uī, -itum	hindern
prōvidēre, -vīdī, -vīsum Ea, quae accidere poterant, providebant. Id ne accidat, tu potes providere.	1. vorhersehen 2. sorgen für Sie sahen (das) voraus, was passieren konnte. (IV 9) Dass das nicht passiert, dafür kannst du sorgen. (a. p. 51)
proximus, -a, -um	1. der nächste 2. der letzte
prūdentia, -ae *f.*	Klugheit
pūblicānus, -ī *m.*	Steuerpächter
puer, puerī *m.*	Junge
pūgnāre, -vī, -tum	kämpfen
pulcher, pulchra, pulchrum	schön

Q

quaesō	bitte (ich)
quaestus, -ūs *m.*	1. Gewinn 2. Erwerbstätigkeit
quālis, -e	1. was für ein 2. wie, von welcher Art
Qualem illam feminam fuisse putatis?	Was, meint ihr, war das für eine Frau? (IV 102)
Qualis erit tua accusatio?	Von welcher Art wird deine Anklage sein? (d. C. 31)
Adulescentia qualis fuerit, meministis.	Ihr erinnert euch, wie seine Jugend war. (I 32)
quīcumque, quae-, quod-	wer auch immer
quodsī	wenn nun

R

recēns; *Gen.* -entis	jüngst vergangen, aktuell
recordāri, -tus sum	sich erinnern
Vos illud recordari volo.	Ich will, dass ihr euch daran erinnert. (I 121)
rectē	1. richtig 2. mit Recht
recuperāre, -vī, -tum	wiedererlangen
recūsāre, -vī, -tum	ablehnen
redīre, redeō, rediī, reditum	zurückkehren
religiōsus, -a, -um	1. (religiös) gewissenhaft 2. (religiös) bedeutend
Signum ex illo religiosissimo loco sustulerunt.	Das Kultbild entfernten sie von jenem religiös hoch bedeutenden Ort. (IV 99)
removēre, -mōvī, -mōtum	entfernen
resistere, -stitī	sich widersetzen
Viri populi Romani voluntati restiterunt.	Die Männer widersetzten sich dem Willen des römischen Volkes. (I 10)
revocāre, -vī, -tum	herholen, bringen

S

salvus, -a, -um	wohlbehalten, in Ordnung
sānē	wirklich
sēnsus, -ūs *m.*	1. Sinn 2. Gefühl
servitūs, -ūtis *f.*	Sklaverei
sēvēritās, -ātis *f.*	Strenge
sīve … sīve … Quem proferre possum, qui te non oderit, sive civium Romanorum sive Siculorum?	sei es … oder … Wen kann ich nennen, der dich nicht hasst, sei es von Römern oder von Sikulern? (II 166)
spectāre, -vī, -tum	anschauen
splendor, -ōris *m.*	1. Glanz 2. Ansehen
stāre, stō, stetī, statum	stehen
stultus, -a, -um	dumm
stuprum, -ī *n.*	Unzucht, sexuelle Ausschweifungen
subitō	plötzlich
superāre, -vī, -tum	übertreffen
suspicārī, -tus sum Illum multa secum praeclara habere suspicabatur.	vermuten Er vermutete, dass jener viele herrliche Sachen bei sich hatte. (IV 62)

T

tametsi	obgleich
tēctum, -ī *n.*	1. Dach 2. Haus
tēlum, -ī *n.*	1. Wurfgeschoss 2. Waffe
tempestās, -ātis *f.*	Sturm, Unwetter
timor, -ōris *m.*	Angst
trēs, tria; *Gen.* trium	drei
tribuere, -uī, -ūtum	zuteilen, geben
tribūnātus, -ūs *m.*	Amt eines Tribunen

turpitūdo, -inis *f.*	Schande, Schändlichkeit

U

ūnā *meist mit* cum	**zusammen (mit)**
Romam una cum multis venit.	Er kam zusammen mit vielen (anderen) nach Rom. (III 53)
ūsus, -ūs *m.*	Gebrauch: 1. **Gewohnheit, Erfahrung** 2. **Nutzen**
Mittit homini munera ad usum domesticum.	Er schickt dem Menschen Geschenke zum privaten Gebrauch. (IV 62)
Ille et aetate et usu rerum antecedebat.	Dieser hatte eine besondere Stellung sowohl auf Grund seines Alters als auch auf Grund seiner Lebenserfahrung. (IV 138)
uxor, -ōris *f.*	**Ehefrau**

V

venēnum, -ī *n.*	**Gift**
vēritās, -ātis *f.*	**Wahrheit**
vexāre, -vī, -tum	1. **misshandeln** 2. **plündern, hart zusetzen**
Aedes sic spoliata est, ut a barbaris praedonibus vexata esse videatur.	Der Tempel wurde so ausgeraubt, dass man den Eindruck hat, er sei von wilden Räubern geplündert worden. (IV 122)
Diutissime Sicilia vexata a Carthaginiensibus erat.	Die Karthager hatten Sizilien über sehr lange Zeit hart zugesetzt. (IV 73)
vīvus, -a, -um	**lebend**

Repertorium

Verzeichnis aller Lernwörter

Fettdruck bezeichnet ein Wort aus dem **Basiswortschatz**, normale Schrift eines aus dem Lernwortschatz und *kursiv* gesetzt sind die Wörter aus dem *Ergänzungswortschatz.*

a/ab *abesse* *abicere* absens absolvere accedere *accidere* **accipere** accusare accusatio accusator acer acerbus actio **ad** *addere* adducere adesse adhibere adhuc adimere *adire* *aditus* **adulescens** *adulescentia* adventus adversarius aedes aequitas aequus *aerarium* aetas afferre afficere *affligere* **ager** **agere** aio alienus aliquando **aliqui** **aliquis** **alius** **alter** amentia amicitia **amicus** amittere amor amplus **an** *animadvertere* **animus** annus **ante** antea antequam antiquus apertus appellare **apud** *arator* **arbitrari** argentum *argumentum* **arma** armatus ars aspicere *assequi* **at** **atque/ac** *attendere* *attingere* auctor **auctoritas** audacia audax **audere** **audire** auferre augere *aures (Pl.)* *aurum* auspicium **aut** **autem** auxilium avaritia *barbarus* **bellum** **bene (bonus)** **beneficium** **bonus** brevis caedes calamitas capere caput *carere* *carus* *castra* casus casu **causa** causā cavere *cedere* censere censor **certus** **ceteri** *civilis* **civis** **civitas** clarus classis coepi cogere cogitare **cognoscere** *colere* collega collocare colonia *colonus* *comes* comitia commemorare committere commodum commodus commovere communis comparare *comprobare* conari concedere *concitare* condemnare condicio conferre conficere confirmare confiteri coniungere coniuratio conscribere consequi conservare **consilium** constantia *constat* **constituere** consuetudo

consul consularis consulatus consulere consultum contemnere contendere *contentio* continere contio **contra** convenire *conventus convivium* copia corpus *corrumpere* cottidie credere **crimen** crudelis crudelitas *culpa* **cum** *(Konjunktion)* **cum** *(Präposition)* cum … tum cunctus cupere cupiditas cur *cura* curare *curia* custos damnare **dare de debere** decernere *declarare* decretum *decuma decumanus deducere* deesse **defendere** defensio *defensor* deferre *deicere* **deinde** *delere deligere demonstrare* **denique** *deserere* desiderare *designatus* **deus dicere dies dignitas** dignus diligens diligentia *discedere disciplina* diu *divinus docere* dolor domesticus dominus **domus** dubitare ducere dum duo dux **e/ex** edictum **ego** emere **enim** eo eques *ergo* eripere **esse et** etenim **etiam** *evertere* **ex** *excitare* exemplum exercitus existimare existimatio *exsistere* exspectare *extremus* **facere** facile facinus factum facultas falsus fama familia familiaris *familiaritas fanum fateri* **ferre** *ferrum* fides **fieri filius** *fingere finis* flagitium foedus fortasse forte **fortis fortuna** forum frater *frequens* fructus frumentum fugere fundus furor furtum gens **genus** gerere *gladiator* gloria gratia gratus **gravis** gravitas **habere** *hereditas* **hic** *(Pron.)* hīc *(adv.)* **homo** honestus **honor** (-s) hospes **hostis** *humanitas* **iam** *ibi* idcirco **idem igitur** *ignominia* **ille** *immo* immortalis *impedire* imperare **imperator imperium** impetus *impius improbitas* improbus *impudens* impudentia *impurus* **in** *incendium* incredibilis *indignus* ingenium *inimicitiae* inimicus *iniquus* iniuria innocens inquam *insidiae* institutum integer intellegere inter *interest interficere* invenire invidia *invitus* **ipse** *iratus* **is iste ita itaque** *item iter* iubere **iudex iudicare iudicium ius** iustus labor *lacrima latro* laudare laus legatio legatus legio *levis* **lex** *libenter* liber, a, um liberare liberi libertas libido licet **litterae locus** longe longus loqui *luctus* ludus **magis** magistratus magnitudo **magnus** *maleficium* malle malus *manere* manus mater **maxime (magis)**

melior (bonus) *memini* memoria mens *mentio* merere/-ri metuere metus **meus** miles mille **minime (minus) minus** mirari miser *misericordia* **mittere modo modus** monumentum mori mors mos *movere* mulier **multi** multitudo multum municipium *munus mutare* **nam** nasci natio natura navis -ne **ne ne...quidem nec (neque)** necessarius necesse est nefarius negare neglegere negotium **nemo neque/nec** nescio qui nescire **nihil** nimis, nimium **nisi** nobilis *nobilitas* nolle **nomen** nominare **non** *nondum* nonne *nonnulli nonnumquam* **nos noster** *notus* nōvī(sse) novus *nox* **nullus** num numerus *nummus* numquam **nunc** *nuntiare nuper* ob obicere *obscurus* obtinere occīdere *occultus* oculus odium *offendere offensus* officium *omittere* omnino **omnis** opera opes opinari opinio **oportet** oppidum opprimere oppugnare optare **optimus (bonus)** opus opus est **oratio** *orbis terrarum* **ordo** ornamentum ornare ornatus os ostendere otium paene *palam par* parare paratus parens *parēre* **pars partim** parvus **pater** patres conscripti pati patria patronus pauci paulo pax **pecunia per** perdere perditus *perficere* **periculum** *permittere pernicies persequi perspicere* pertimescere pertinere pervenire *pestis* petere *placet plane plebs* plenus **plures, plurimi (multi)** poena *polliceri* ponere pontifex popularis **populus** portus **posse** possessio possidere post postea posterus postremo postremus postulare **potestas** potissimum potius praeclarus praeda *praeditus praedium* praedo praemium praesens praesertim praesidium praeter praeterea praeterire *praetermittere* **praetor** *pretium* primum primus princeps prior *prius* privatus **pro** probare profecto proferre proficisci *prohibere* prope propinquus proponere propter *providere* **provincia** *proximus prudentia publicanus* **publicus** pudor *puer pugnare pulcher* **putare quaerere** *quaeso* quaestio quaestor *quaestus qualis* **quam** quamquam **quantum quantus** quasi **-que** queri qui *(Relativpron.)* **qui (quis)** quia *quicumque* **quidam** **quidem** quin **quis** **quisquam** quisque quo **quod** *quodsi* quoniam quoque **ratio** *recens* recipere recitare *recordari* *recte* *recuperare* *recusare* reddere *redire* reditus referre regnum **religio** *religiosus* **relinquere** reliquus *removere* repente reperire repetere reprehendere repudiare requirere **res** **res publica** *resistere* respondere restituere retinere *revocare* reus **rex** rogare sacer sacra saepe **salus** *salvus* sanctus *sane* sanguis sapiens sapientia satis sceleratus **scelus** scire scribere **sed** sedes **semper** senator senatus *sensus* **sententia** sentire sequi sermo servare *servitus* **servus** sestertius *severitas* severus **si** **sic** sicut signum similis simul sin **sine** singularis singuli *sive … sive* societas **socius** **solere** solus solvere *spectare* sperare spes *splendor* spoliare *stare* statim statua statuere **studium** *stultus* *stuprum* *subito* suffragium **sui, sibi, se** sumere **summus** *superare* superior supplicium suscipere *suspicari* suspicio sustinere **suus** tabula talis **tam** **tamen** *tametsi* tamquam tandem **tantum (tantus)** *tectum* *telum* *tempestas* templum **tempus** tenere terra testimonium testis timere *timor* tollere tot **totus** tradere *tres* *tribuere* *tribunatus* tribunus **tu** tueri **tum** turpis *turpitudo* **tuus** ubi **ullus** **umquam** *una (… cum)* unde universus **unus** **urbs** usque *usus* **ut/ūtī** *(Konjunktion)* uterque ūtī *(Verb)* *uxor* valere vectigalia vehemens vel velle vendere *venenum* **venire** **verbum** vereri *veritas* **vero** versari verum verus **vester** vetus *vexare* via victoria **videre** **videri** vincere violare **vir** **virtus** **vis** **vita** vitium vivere *vivus* vix vocare **voluntas** voluptas **vos** vox